AF243239

GAMBETTA

ET

M. ORDINAIRE

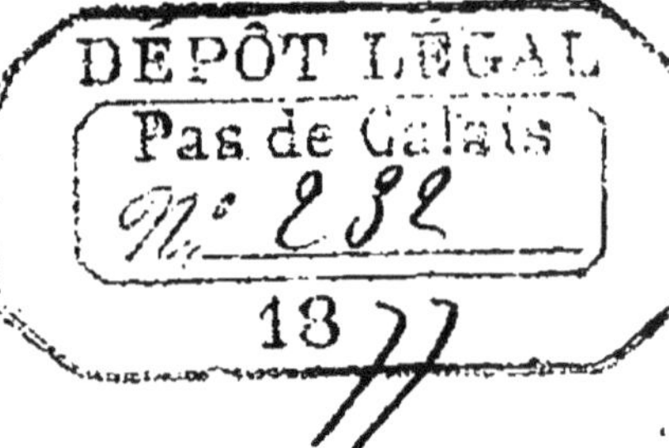

SAINT-OMER

TYP. ET LITH. DE H. D'HOMONT, RUE DES TRIBUNAUX, 4

1877

M. GAMBETTA & M. ORDINAIRE

Enfin !

M. Gambetta a eu beau faire : la tuile lui est tombée sur le nez ; et dire que c'est un ami qui a lancé cette tuile !

C'est comme cela dans le monde où vivent ces gens. Ils se donnent la main, tout en tripotant ; et à la première chicane, on les voit se mettre mutuellement au ban de la probité la plus élémentaire. Ils donnent prise à toutes les attaques, mais s'attendent peu aux défections des amis.

M. Gambetta eût soutenu, prôné et défendu M. Ordinaire il y a quelques mois; mais M. Ordinaire tombe dans les pattes de

la justice; le procès révèle quelques indiscré-
tions; M. Gambetta est impliqué dans l'affaire. Naturellement il cherche à se tirer
d'embarras et pour cela il repousse son
compère. C'est la fable du *Renard et du Bouc*,
mais cette fois *le Bouc* joue de la corne.

Le renard a eu beau faire, le bouc a
parlé.

M. Ordinaire a donc fait cette fameuse
brochure qu'on attendait avec impatience, et
que Gambetta voulait étouffer à tout prix.
Le *Figaro* l'a publiée hier. Elle est désor-
mais dans le domaine public; et chacun
saura à quoi s'en tenir. Il ne manque plus
qu'une chose : la réponse de Gambetta.
Quel plaisir de les voir aux prises, se cha-
maillant et se disant leurs vérités !

La brochure de M. Ordinaire contient
bien des choses que nous voudrions pouvoir
relever ; mais il faudrait en refaire une seconde édition; nous nous contenterons de
glaner par-ci par-là ce qui peut le plus in-
téresser les lecteurs.

M. Ordinaire qui tient essentiellement à se
relever aux yeux de son public ne ménage
pas le copain de la veille.

Il l'appelle sans gêne « *l'ancien* BOHÉME *du quartier latin aujourd'hui* SATISFAIT *et* REPU »., et le vise directement en parlant de « *ceux qui transforment la politique en une* PROFESSION *qui permet d'acheter des hôtels et des équipages.* »

M. Ordinaire explique d'abord comment dans ses relations avec M. Giraud, il n'a rien fait que ce que font les habitués des commissions, les reporters de journaux et autres ; il note en passant, toutefois, que « *des relations existaient autrefois entre l'ex-dictateur et M. Philippart qui lui a* VENDU L'HÔTEL DE LA CHAUSSÉE D'ANTIN *pour le compte de la Banque franco-hollandaise.* »

Laissons de côté cette justification toute personnelle dont la valeur sera appréciée par les hommes compétents; toute la première partie de la brochure poursuit le même but : mais dans la seconde, M. Ordinaire met sans pitié M. Gambetta sur le gril d'une critique d'autant plus cuisante, qu'elle a toute l'ardeur d'une amitié brisée.

L'ex-député du Rhône établit d'abord entre M. Gambetta et lui une comparaison qui laisse le lecteur juge de tout ce qu'on n'a pas voulu dire. M. Ordinaire est entré, dit-il, dans la vie politique « avec plus d'un million », employant sa fortune au besoin de la cause, mais M. Gambetta !...

Dam ! le portrait est frappé; nous ne résisterons pas à la tentation de le publier.

« M. Gambetta était un étudiant du quartier latin, *sans sou ni maille*, cherchant des causes et sa voie sur les marches du palais de justice. De temps en temps M. Laurier, qui l'aimait beaucoup payait ses voyages, et c'est dans une de ces pérégrinations que le *républicain farouche* et *infaillible* d'aujourd'hui, fut l'*hôte de la* FAMILLE D'ORLÉANS.

» A présent, il est riche, il a un hôtel, un équipage, joue vingt-cinq louis à l'écarté, à la bouillotte ou au baccarat, et il a une suite nombreuse de courtisans, *qu'il traite, du reste,* COMME ILS LE MÉRITENT, *avec la dernière insolence*; il paraît dépenser cent mille francs par an, rit bien haut, *engraisse*, et considère ses *subordonnés* et ses *flatteurs* comme des IMBÉCILES.

Il y a loin de l'époque où, pauvre, dévoré de l'ambition de parvenir et de jouir, il lançait les foudres de son éloquence contre l'empire et la période que nous traversons ! Maintenant le tribun d'autrefois cherche à consolider sa fortune, à préparer son avénement à la présidence, ou même, si un accident survenait, à ne pas rendre impossible sa place dans le ministère d'une monarchie (!!!)

Fin comme un Génois, pour préserver ses intérêts personnels, il a toujours mal gouverné la barque de la démocratie; et je ne sais par suite de quelle aberration, de quelle illusion, certains personnages sont arrivés à lui faire une réputation d'habileté incomparable, à le proclamer un homme d'État, digne de Richelieu.

Les circonstances l'ont favorisé et l'ont imposé à la première place, au 4 septembre, après avoir refusé d'installer la République au 12 août 1870, préférant attendre le désastre de Sedan. À cette date même, il n'était pas le partisan d'un changement de gouvernement.

Retenons en passant cette indication : « M. Gambetta a refusé d'installer la République le 12 août 1870 ? » Pourquoi le 12 août ? N'était-ce pas au lendemain des glorieuses défaites de Wœrth et de Reischoffen ?

Oui, en effet, et voilà l'impression que produisaient sur les républicains les nouvelles de nos sanglants combats ! Ils conspiraient et préparaient la chûte de l'Empire !...

C'était là tout leur patriotisme. Ils ne songeaient pas à secourir la France blessée; c'était le pouvoir qu'ils voulaient escroquer !...

Reprenons le portrait :

Il jugea rapidement, lorsque l'investissement de Paris fut effectué, que la Défense nationale marchait à une capitulation plus ou moins éloignée, et craignant d'être compromis, de s'user dans l'esprit de la population patriote de la capitale, il *s'évada en ballon* et devint un dictateur, déployant une activité fiévreuse qui se traduisait par la nomination des généraux du régime déchu, par un bouleversement complet dans les attributions des autorités civiles et militaires, *par le refus à la nation de se donner une Convention chargée d'organiser la résistance ou bien de traiter suivant les circonstances avec le gouvernement ennemi.*

Il vit même avec mécontentement l'arrivée de Garibaldi, dont la popularité l'importunait, et il ne craignit pas de lui offrir le commandement de trois cents hommes ! Redoutant, néanmoins, l'effet que ne manquerait pas de produire sur les républicains le départ de l'illustre patriote italien, il se résigna à lui créer une situation plus importante; mais ne lui donna jamais la facilité d'accomplir sa tâche.

Quand l'armistice fut signé, quand l'Assemblée nationale fut réunie, *il comprit que sa fortune personnelle* EXIGEAIT *une éclipse momentanée*. La Commune allait éclater : il aurait pris parti pour elle si elle eût été victorieuse, et si, au contraire, elle eût été vaincue, il s'imposait à l'Assemblée comme chef de l'opposition. Il continuait à pas de géant sa marche vers le Capitole.

Il *s'enfuit alors* pour voir de quel côté le vent soufflerait et se dirigea vers la plage de Saint-Sébastien pour orienter sa voile. Je *passerai sous silence l'emploi de son temps,* QUOIQUE des *détails assez piquants* aient été recueillis dans une maison de la rue Roquépine, où il a voulu laisser traîner une volumineuse correspondance, que de nombreux émissaires ont plus d'une fois tenté de racheter.

La Commune fut condamnée par M. Thiers, sabrée par le maréchal de Mac-Mahon, et M. Ga betta accepta à Marseille, au détriment du docteur Bouquet, une circonscription résignée à l'envoyer à l'Assemblée nationale. Nous savons tous la reconnaissance qu'il témoigna au candidat généreux qui s'était effacé ! M. Gambetta fit lutter contre lui aux élections dernières avec une grande énergie, et fut battu. *Cet homme est égoïste;* il considère ses concitoyens comme des *instruments qu'on emploie* lorsqu'il est besoin, et *qu'on brise* lorsqu'ils ne peuvent plus servir.

Puis l'accusation continue, énergique,

écrasante par les souvenirs vivants qu'elle reproduit. M. Ordinaire rappelle à M. Gambetta le temps où il n'était pas si satisfait de l'attitude de M. Thiers, où il se répandait en invectives contre celui qui l'avait appelé le « fou furieux. »

« Il me souvient qu'un soir, dit M. Ordinaire, nous revenions ensemble de Versailles par la rive gauche et vous parliez du Prés dent de la République dans des termes que je ne *veux pas rapporter*, mais que je peux traduire, ainsi : « — Je prouverai bientôt par des documents que cet homme a été funeste à la France dans son voyage diplomatique auprès des différentes cours de l'Europe. »

Et M. Ordinaire lui épargne le *mot cru* dont il s'est servi.

Mais il y a entre ces deux hommes une différence.

M. Gambetta a réussi et M. Ordinaire a échoué. C'est le sort ordinaire de la vie, les unes montent, les autres descendent.

Seulement M. Ordinaire n'augure pas bien en faveur de M. Gambetta.

« Je suis persuadé, dit-il, qu'un jour viendra où ces *prétendus amis* qui se mettent dans votre lumière seront *les premiers* à vous lapider lorsque, par suite de vos fautes, le peuple souverain vous *rejettera dans l'obscurité.* »

Diantre ! voilà une menace terrible, un présage de mauvais augure; mais ce n'est pas tout.

L'ex-député radical sait comment on traite la classe ouvrière et voici ce qu'il dit à ceux qui travaillent et dont on abuse.

« Vous avez l'étiquette que vous réclamiez, ouvriers... Le mandataire (!) *engraisse* et se réjouit parce que la République est pour lui *le but.*

Vous considériez, malheureux prolétaires, la République comme un moyen d'arriver, par l'application des réunions de presse, d'association, *au but suivant* : la faculté, par le travail, d'élever et de nourrir vos familles sans avoir à redouter la misère et les chômages. *Qu'est-ce que tout cela fait à l'ancien tribun qui a équipage, hôtel et fortune,* à l'ABRI *de toute éventualité* de COUP D'ÉTAT, de GUERRE ou de RÉVOLUTION ? »

Puis M. Ordinaire étudie le rôle politique de Gambetta. Ces révélations sont un coup terrible pour le porte-drapeau des républicains. Certaines accointances, certaines relations dévoilées le mettent au ban du programme des purs.

« Le rôle de M. Gambetta, dit-il, dans la dernière Assemblée, a consisté à démontrer à la bourgeoisie libérale, et même aux monarchistes qu'il était homme de gouvernement ; à faire oublier l'ancien bohême de la rive gauche ; à taper sur le ventre des légitimistes, des orléanistes et des bonapartistes, en leur disant :

« Vous voyez que je n'ai pas l'austérité de Caton, et si jamais j'arrive au pouvoir, vous n'aurez pas à vous plaindre ; je vous ferai la bonne part, je m'entourerai de ducs, d'évêques, de princes, et sous le titre de président de la République, je serai le monarque le plus absolu que vous puissiez rêver ?... Je couperai ma queue. »

Et il le montre collaborant avec MM. *Bocher* et BUFFET (!) à la rédaction de la Constitution.

O terrible révélation que celle d'un ami froissé !

Si la situation est tendue, la faute en est à M. Gambetta, c'est M. Ordinaire qui le dit.

Mais « M. Gambetta, cet homme essentiellement égoïste, « n'aime pas les gens qui voient clair dans son jeu. » et au besoin il sacrifie même ses amis. M. Gambetta est comme tous les ambitieux : si sa popularité est menacée, il n'y a plus de principes qui tiennent.

C'est au point même que M. Gambetta hésita longtemps à donner à son ami *Garibaldi* un rôle important, parce que le vieux révolutionnaire avait de la popularité, dit M. Ordinaire.

. Dans cette revue politique, M. Ordinaire arrive à l'affaire du 16 mai et à la dissolution. On sait les cris de paon poussés par tous les rédacteurs de la *République française.* Ecoutons un peu M. Ordinaire :

« Peut-être, M. Gambetta n'a-t-il pas été fâché de cette dissolution. Il avait bien la majorité dans la Chambre ; néanmoins il se trouvait souvent contre lui, une minorité d'une centaine de républicains énergiques qui le gênait prodigieusement et froissait son amour-propre. »

L'ex-ami de Gambetta, qui le connaît à fond, ne se gêne pas pour dire que le but de l'ex-di tateur, » c'est la *possession du pouvoir.* » Il ne se trompe pas, pas plus du reste qu'en lui prédisant une déconfiture des mieux panachées.

Une chose que M. Ordinaire a à cœur ; c'est la fortune de Gambetta. L'ex-millionnaire ne comprend pas très bien le millionnaire parvenu ; où plutôt il ne le comprend que trop ; mais il n'ose pas dire toute sa pensée.

Electeurs de la campagne, républicains ou conservateurs, écoutez et méditez ce que M. Ordinaire, l'ex-ami de Gambetta, dit du riche candidat à la présidence celui qui n'a pas encore rendu ses comptes, et sous la dictature duquel 243 millions ont disparu sans que l'on sache par où ils ont passé.

Jugez vous-mêmes, comme cela vous semblera bon ; lisez si vous voulez entre les lignes. Pour nous, nous nous contentons de reproduire la parole de ce M. Ordinaire qui doit connaître bien des choses de M. Gambetta :

« Je suis entré riche dit-il, dans la vie politique, M. Gambetta ; et vous, lorsque *vous avez choisi votre carrière, vous étiez* PAUVRE.

» Vos entreprises ont réussi et les miennes ont avorté... A bientôt la revanche et ce sera l'avènement du socialisme républicain.

» Je *laisse à d'autres* le soin de découvrir de quelle façon vous avez fait fortune ; *il me* répugne *d'accomplir* cette besogne vis-à-vis d'un ancien ami avec lequel j'ai eu des rapports confidentiels, *notamment lorsque l'hôte de Frohsdorff voulait remonter sur le trône de France.* »

Il y a là un mystère qu'un reste de pudeur républicaine empêche M. Ordinaire d'approfondir. Nous ne le ferons pas non plus ; mais nous demanderons ce que signifie cette répugnance de M. Ordinaire à accomplir cette besogne : expliquer comment M. Gambetta a fait fortune.

Enfin nous relèverons encore la dernière menace du député radical contre son chef de parti. On sent que des révélations s'arrêtent sur ses lèvres, qu'il ne veut pas les formuler, mais qu'il tient à faire sentir au tribun le prix de son silence :

« Vous conserverez encore quelque temps un prestige qui *s'en ira bientôt en fumée* par suite d'un *accident* ou d'une révélation quelconque. »

Electeurs, méditez bien ces paroles ; souvenez-vous de ce que fut Gambetta , nous saurons encore vous dire ce qu'il veut être. Les circonstances sont assez graves pour que tous, avant d'aller au scrutin, recherchent la vérité.

M. Ordinaire parle de RÉVÉLATIONS qu'il laisse sans doute à d'autres aussi le soin de faire. Ce n'est pas nous qui l'avons dit; c'est un républicain, un radical; c'est M. Ordinaire lui-même. Et sa parole doit être pesée.

Electeurs, souvenez-vous !!!

J. BRODEL.

Saint-Omer, Typ. H D'HOMONT.